별 하나를 사랑하여

시와문화 시집 041

별 하나를 사랑하여

김창규 시집

시와문화

■시인의 말

1894년 동학농민전쟁으로 증조, 고조할아버지와 친족들이 사망했다. 6·25전쟁 때에는 작은할아버지가 총살되었다. 이념이 아닌 살아보자는 그런 외침이었고 저항이었던 것이다. 나의 시는 금강으로부터 시작된다. 어머니의 기도 소리에 잠이 깨었고 어린 시절 외삼촌에게 들었던 전쟁에 대한 이야기도 생생하다. 정확하게 말하면 내가 태어나기 60년 전에 있었던 것이 동학농민혁명이었다.

이 보잘것없는 시집은 민중이 시를 골랐고 이념의 색깔이 덜한 시들이다. 민중적 서정성이 깃들어 있는 발로 쓴 시들이다. 퇴고를 거의 거치지 않고 직접 쓴 것들이라서 부족함이 있지만 그래도 현장감이 살아있다. 3·1절 100주년 기념 시집 『백년의 촛불』을 엮었고 5·18 광주항쟁 40주년 기념 시선집 『광주, 뜨거운 부활의 도시』를 함께 만들었던 출판사에서 시집을 내게 되어 영광이다.

한국전쟁이 올해로 70주년이다. 동족 간의 피비린내 나는 전투로 피아 간 수백만 명이 생명을 잃었다. 그리고 4·19학생혁명 60주년에 즈음해서도 코로나19 바이러스 때문에 기념식도 제대로 하지도 못했다. 뿐만 아니라 광주항쟁 40주년도 조촐하게 그냥 보냈다. 하지만 문학하는 시인으로서 광주 항쟁 시선집을 냈다는 것이 그래도 위안이 된다. 사북항쟁도 40주년이다. 전태일 노동자가 노동삼권 보장하라며 인권을 부르짖고 세상을 떠난 지 50주년이 되는 해이다. 그 모든 분들에게 시집을 바친다.

이번 다섯 번째 시집은 통일의 염원과 평화와 번영의 미래를 담았다. 이 시집이 나오기까지 도와주신 모든 분들께 머리 숙여 감사 드린다.

2020년 6월

청주 시인산방에서

김창규

|차 례|

1부 갈릴리의 봄

2부 동백꽃보다 붉은

3부 무등산

4부 진달래 산천

1부

갈릴리의 봄

사랑이란

가을날 노란 은행잎 대신
냄새 풍기는 열매
은행을 줍다 보면 사랑을 알게 된다
나도 내 몸의 냄새를 안다
손질해서 식탁에 오르기까지
만지기 싫어하지만 와인과
곁들이면 너무 좋다
아 이런 기쁨이 있어
은행알이 길에 구르고 사람들이 피해 갈 때
소중하게 봉지에 담는다
멀리서 허리 굽은 어머니
황금빛 은행을 줍는다
서로 인사 나누고 웃으며
은행나무 아래 마주 서보면
냄새가 나도 사랑인 것이다
은행잎 수북하게 떨어지기 전에
냄새 풍기며 해보자
알몸을 보여주는 깨끗한 사랑을
그래 이 가을에 진하게
한번 해보자

정원

-3주기를 맞이하여

꽃피는 정원은
촛불이 타오르던 광장 스스로 등신불이 된 사나이를 말한다
찬 바람이 불고 눈보라가 쳐도
그는 자비로운 웃음을 웃었다
친일파 독재자 딸을 물리치기 위해
촛불 대신 횃불로 불 밝히며
그는 한 줌의 재로
정원이 되었다

그가 떠나던 날도 행진을 멈추지 않았다
청와대 앞까지 행진은 매 주일 이어졌다
그런데 그날 그가 분신 자결했다
북풍한설 차가운 하늘에 북두칠성 빛나는 밤
소나무 밑에 앉아 독재자의 딸
부패한 권력을 향해 항거하며
온몸에 붉은빛을 발하며
신음 소리 없이 죽어갔다

부처를 믿는 그를
하나님 믿는 내가 상주가 되었다
아, 이것을 어떻게 설명하지
오직 유일신이신 그분께
불쌍한 영혼을 부탁했다
한의 사제이기 때문이다
그는 아무것도 가진 게 없었다
마지막 날까지 그를 보살폈다

광장에 모여 마지막 노제를 드리고
노란 리본 나부끼는 광장에
나비들이 날아오른다
우리의 영혼을 바라본다
나비를 보는 것은 눈을 바르게 뜨고 세상을 보는 것이다

정원에 꽃들이 사철 피고 지기를
삼년 만에 추도식에 너를 본다
아름다운 정원
올봄에 노랑나비들이 수천수만 마리 날아오르면

자네를 기억하는 촛불의 눈물을 담아 정원에 장미꽃
징미꽃 오월을 추보하리라

지금은 매화가 피지만
흑매 빛나는 지리산 언덕 어디쯤
그대 정원을 만들리라
촛불 시민혁명의 승리는
오월 꽃밭에 그대가 있었기에
민주주의 평화가 존재한다
그대 떠나고 없는 정원에
나비가 날아오는 날
봄은 오리라

정원을 기억하지 못하면
누구를 위해
꽃밭을 가꾸고 지키려나
꽃들이여 기억하라
촛불꽃 피는 밤을 잊지 마시라
천 칠백 만개 촛불꽃
광화문 광장 다시 피어나라

솔레이마니의 죽음

평화를 지키기는 전쟁보다 어렵다
이란의 평화는 어디로부터 오는가
전쟁을 수행하고자 하는 아메리카 합중국
전 세계는 지금 분노하며 떨고 있는가

미국의 복수는 신의 명령인가
누구든지 결심만 하면 살해할 수 있는
그들은 21세기 로마인가

비극은 이제부터 시작이다
아메리카 합중국의 시계는
로마가 멸망했던 과거가 아닌 현재다

제국의 도시 뉴욕의 골목에서
인종차별 받는 유색인종의 눈물이
교황청 대리석 바닥에 뚝 떨어졌다

알라신과 야훼의 대결은 지상에서
전쟁이 끝나지 않는 역사인가
살인자는 영원히 죽고 살해된 자 부활하리라

촛불

꽃이 예쁘다 말한다
눈이 듣고 웃는다
귀가 확 밝아진다

수상한 집

우리 집은 늘 수상한 사람들이
수시로 저녁마다 밥 먹을 때면 찾아왔다
교도소 면회를 오는 분들이었다
어머니는 밥상 차리기에 바빴다
서쪽 하늘에 빛나는 별을 보고
어머니는 말씀하셨다
아들아 저 별처럼 변함없이 살아라
마당 들마루 앉아 별을 세던 밤
찾아온 사람들이 돌아가 꿈을 꾸던 그 시간
수사대가 들이닥쳤다
잠옷 바람으로 잡혀갔다
눈을 가렸고 천지사방을 알 수 없다
나중에 알았지만 금강을 건넜고
지하의 취조실이었다
내가 풀려났을 때 동네 사람들은 쉬쉬했다
백일홍 꽃이 피었다 지기를 수십 번
아 얼마나 긴 세월 감시와 미행 도청을 당했는지
우리집은 수상한 집이 되었고
블랙리스트에 올랐고
화단의 꽃들도 무서워 떨었고

윤석양 이병의 폭로로
빨갱이 십이 되었다

유달산

바위 그늘 위에 바위
하늘은 푸르고 높은데
거기 계신 분께서 부르시어
유달산을 지나 신항만 쪽에
울고 계신 하나님을 본다
예수 당신은 살아 있는가
십자가 불빛이 찬란한 목포
녹슨 세월호 앞에서
기도할 때 보았는가 바위 위에 하늘
억겁을 헤어져 살고 천년을 산대도
잊을 수 없는 마리아여
살아있는 전설 유달산을 넘는 문명
갈릴리 바다가 보인다
인동초 푸르게 푸른 선창가
오직 당신만을 위해
해상 케이블카로 바다를 건넌다
세월호 세월이 가도 변함없는 바위산
영원한 빛이여

소금꽃 여자

하얀 얼굴
열탕의 염전 소금 퍼내는 여사를
당신은 알고 있습니다
신안 소금꽃 만드는 사람을 만났어요
한여름 바쁨을 뒤로 하고
촛불을 들고
서울행 버스를 타고 올라온 여자
그녀는 신안 지도의 소금 만드는 여자입니다
촛불을 켰습니다
소금꽃 환하게 밝아졌습니다
동백이 푸르게 빛을 발하며
봄을 맞이하기 위해
항아리 익어갈 김치
김치의 맛을 생각하면
촛불이 하나둘 피어나는 것이
희망의 불씨입니다
그녀 삽질의 땀방울
얼굴 가득 꽃이 피었습니다

북두칠성

천반산 아래서
하늘의 별을 본다
정여립의 난이 성공했으면
세상이 확 달라졌으리라

어찌 최후의 전투에서
맥없이 쓰러졌을까
북두칠성을 보아도 아직은
스러질 때가 아닌데
이 세상에 하나뿐인 목숨
아깝게 버리다니 아프다

반란군도 보았을까
어머니의 별 북두칠성
최후까지 저항한 전사들이여
오늘 밤 별이 저렇게 빛나는 걸 보면
아침 무서리 내려 풀들이 죽지만
내년 봄 일제히 일어서리라
조선반도의 평화를 위해
북두칠성은 빛나고

저항의 길 진안고원을 떠난다
잘 있거라 안녕
나의 착한 별

별 하나를 사랑하여

화끈한 사랑을 하는 것
깊숙하게 그리고 길게 쏘는
꼬리를 자르고 꼬리를 물고
질펀하게 쏟아지는 별똥별이 아닌
오래된 젊은 별 하나로 살다
하나의 별을 죽도록 사랑하고
신과 잡은 손을 놓지 말라는
죽이는 것 말고는 다해 보라는
예언자의 말을 빌어서
만개의 별을 무더기로 따내
큰 별 하나는 그대의 심장에 걸어두고
작은 별들은 침대 위에 쏟아놓고
그 별 중의 별 하나를
밤새 품으며 자궁의 문을 열고
꽃병 하나 끼워 넣는다

갈릴리의 봄

봄이 멀지 않았다고
언덕에서 불어오는 바람이 말했다
흰옷 입은 조선 사람 하나가
걸어오면서 먼데 하늘을 본다
식민지 조국의 해방은 까마득하다
동족 간에 죽이고 죽고 한 전쟁
그렇게 서로 원수가 되었지만
조선은 하나다 외치면서
백두산에 올라 손을 잡은 모습
갈릴리 봄은 사람들 속에
기억되기 시작했다
처음 들어간 능라도 경기장
그분의 음성은 떨렸다
봄이 가고 겨울이 왔지만
서울 방문은 성사되지 못했다
금년에도 그분이 온다고 하는
기쁜 소식은 없다
4·27 봄 도보다리 새들이 울었다
휴전선에 꽃들이 만발했다

가을 밤 외로운 밤

코스모스 밤새 꽃을 피우기 위해 찬 소주를 마시고 있고
별들은 잔 속에서 떠들며 캄캄한 울음으로 슬픔을 이기며
철새들은 살기 힘든 세상이 되었다고 소리친다
벌레 같은 인생들이 힘의 세기에 따라 제 목소리를 높이자
천태산 영국사 은행나무 그 산 아래 어울려 피는 금강 가
아침 햇살에 은비늘 반짝이는 꽃들의 향기 떠오른다

아버지와 함께 찍었던 낡은 사진 한 장이 눈앞에 괴목으로
추억의 늦가을 밤에 울던 쓸쓸한 노래가 부엉부엉 들린다
좋았던 시절의 아버지는 슬픈 눈물의 외로운 사나이로 살아
들국화 서리를 맞고 시들 때까지 떠도는 영혼의 방황은 끝이 없었고
음복하다 취해버린 할머니의 밤은 끼룩끼룩 운다

해가 지고 나면 산다는 것이 그저 외롭고 쓸쓸한 것은 아니다

고흐의 봄을 전하며

인사동 어귀에서
고흐를 만났다

낯선 얼굴을 보는 듯 지나치면서
휘센의 따뜻한 바람이 얼굴에 와 닿는다

그의 그림을 본 적이 있다
마냥 이글거리며 타오르는 정열의 화폭

그 누구도 속일 수 없는 그림 앞에 서서
봄이 오는 것을 보았다

밭두렁 냉이가 불꽃처럼 퍼지며
아지랑이 아른거리는 길에

진달래꽃 길을 따라
노랑 민들레가 줄지어 피었다
고흐가 웃으며 말했다

봄이야 인사하고 지내

가짜들이 많은 인사동이야

서울에도 봄이 와

골목길 여고생

비 오는 날 아침마다 골목길에서
우산과 우산이 스쳐 지나갔다
말 한마디 나눈 적 없지만
눈빛만 마주쳐도
가슴과 가슴이 떨리고 하루종일 기분이 좋았다

어느 날 골목을 벗어나 큰길에서
멀리 그녀의 모습을 보면서 나는 웃었다
그녀는 내게 손을 흔들며 인사를 했다
세상이 모두 내것인 것처럼 느껴졌다

세월이 무한정 흐른 날
그녀가 어린아이를 데리고 걸어가는 모습을 보았다
멋있는 옷을 입고 어른이 되어 처음 본 순간
둘은 멈추어 선 채 한동안 말이 없었다

그녀의 흰머리가 눈부시게 빛나던 날
나이를 많이 먹었다는 것을 알았다
열여덟의 청춘으로 돌아가 생각해보니
그때 연애 한번 찐하게 해볼걸

내게 할머니는 곱게 웃으면서
잘 읽어 보고 있습니다
시도 쓰고 칼럼도 쓰시대요
차 한잔을 마시면서 손녀의 머리를 쓰다듬었다

그대를 안고 싶다

나는 그대를 안고 싶다
바다보다 넓은 가슴으로
그리고 내 심장의 깊이만큼
아니 그보다
더 심해로 가라앉아 그대를 품고 싶다

작은 것이 더 아름다운 것처럼
너의 작은 가슴에 달린 꽃장식이
이리도 예쁘게 보이는 날의 그 시간
바다 깊숙하게 박히고 싶다

안기고 싶은 날의 침대는 쓸쓸하다
너의 입술처럼 달콤한 포도주와 꽃
그것이 얼마간 있다 하더라도
힘이 있는 동안 너를 안고 싶다

안아 보고 싶은 날의 나무 아래
긴 그늘이 두껍게 드리우고 바람 불어
빛의 가지에서 떨어지는 높은음의 음계
계절이 바뀌어도 그 나무는 뿌리 깊네

그대를 안고 싶은 날의 햇살은 기울고
인생의 낮과 밤의 짧고 긴 탄식만이
바다의 오후를 헤엄칠 때
돌아가리라 분수를 뿜어대며

기차가 태백을 오른다

천리마 같은 힘으로
태백준령을 힘차게 차고 오른다
기차로 달리면 금강산 지나
원산 지나고 명사십리 보인다

푸른 산맥 바람을 차고 오른다
그대가 꿈꾸던 세상이 여기 있다
어디 무릉도원이 있나 보다
인민 민중이 잘사는 나라가 있다

태백산맥을 오르는 기차를 타면
동해바다가 펼쳐져 있다
백두산이 가깝게 보인다
기차를 타고 태백을 넘어 보면 안다

기차를 타고 산맥의 심장 핏줄을 지나
거기 그대가 꿈꾸는 세상이 열린다
태백준령을 따라 백두산 가자
기차가 태백을 오른다

2부

동백꽃보다 붉은

고향

사는 곳이 어디인들
정붙이고 살고 싶지 않으랴
그리운 얼굴 보고 싶은 어머니
날 기다리며 양지쪽 언덕 금잔디에 앉아 계시네
된장 고추장 양식 보내주시며
잘 살고 잘 되기 바라던 소망을 품고
하루에도 몇 번씩 동구 밖 바라보시네
떠나 온 지 여러 해 이제 돌아가야 하리
살구꽃 피는 고향 올봄에도 가지 못하면
친구들 얼굴을 어떻게 볼까
타향살이 십여 년에 청춘은 가고
심연의 바다에서 피워 올린 심청의 향기
아 꿈엔들 그 약속 잊을 수 있으랴
평생 모시고 살아야 할 어머니
찾아뵙지 못한 불효자식은 아직도
도시를 떠나지 못해
어찌할까 어찌해 망설이는데
고향 산천은 나를 기다리고
어머님의 옷고름은 봄바람에
하염없이 슬퍼지네

구절초

꾸미지 않고 맨발로 나와서
아침 바람에 가슴을 내빈다

백련사 은행나무 아래서
집 마당까지 따라왔나
속세를 떠난 꽃이었는데

때 묻은 옷자락에 묻어 온 씨앗
틈새를 비집고 들어와
찬 바람 불면서
수줍은 얼굴을 내밀었다

활짝 흰 이를 드러내 놓고
웃는 오늘은
쓸쓸하지 않은 날

그리운 사람에게 띄우는 편지

별이 되어 만나는 날까지
바람의 꽃과 그리움의 별 하나로 삽니다

강물이 소리 없이 흐르는 겨울밤
무수한 이야기들이 떠오릅니다

민들레 벌판 푸른 꿈이 꽃필 적에
묵직한 고인돌 위에 별 하나 내려옵니다

사랑하는 당신을 이렇게 멀리서
그저 바라보기만 합니다

그리운 바다

고래도 즐거워 노래하던
봄의 사랑올 잊지 못하네
나 이제 그곳으로 찾아가
더 이상 아픔도 슬픔도 없는
아름다운 당신의 따뜻한 가슴을 가질 수 있다면
겨울 바다 동백꽃 사랑도
명사십리 해당화도 그립지 않아
바다 잔잔하던 날
배 타고 멀리 떠나 소식 없는 당신
내 마음의 깊은 곳에 묻어버리고
고향 떠나와 살지만
그대 그리워 찾아가고 싶은 장생포
꿈에도 그립고 생시에 더욱 그리운
작은 고래가 춤추던 바다
당신의 품으로 돌아가고 싶어
사랑은 다시 계절 따라
변함없이 찾아오고
장생포에 비가 내리네

건너간다

세상에 왔다
건너간다
빈손으로 왔다
흙을 품고 돌아간다
세상사 별거드냐
건너가면 다시 와야 하는 것
다시 태어난다 해도 건너야 할 강
건너간다
다시 오지 못할 강 건너 저 세상
혁명의 시작은 건너는 것
건너간다
가면 다시 오지 못하지만
끝까지 저항하지 못하고
건너간다
그날 그때 건너간 바다
저 영원한 우주 속을
건너간다

그리운 산하

꿈을 꾸다가 깼다
대동강 을밀대 부벽루가 보였고
거기서 춤을 추던 날들이 펼쳐졌다
꿈에도 잊지 못할 님이 함께 한
북남작가대회 여름날의 백두산, 묘향산, 평양

아, 어찌 잊을 수 있으랴
마음속에 아직도 뜨거운 사랑
꼭 한번 뵙고 싶던 님을 보지 못하고
오영재, 홍석중 빛나는 이름들
그리고 심장에 남는 사람들

내 사랑

내 사랑은 강물 따라
흘러갔어요
멀리 남해 바다로 오라 합니다
넓은 바다의 어느 고독한 섬
그 섬을 때리는 파도 소리로 살면서
아직도 나를 사랑한다 말합니다

내 사랑은 바람 따라
홀로 산으로 갔어요
그 산 언덕에 푸른 풀빛으로 살아
무덤가 할미꽃
외로운 산봉우리 바위 밑에
곱게 피어서 나를 사랑한다 말합니다

내 사랑은 계절 따라
멀리멀리 가버렸어요
김화 와수리 들판
고인돌 옆에 피던 보라색 도라지꽃
고개 숙이고 수줍게 웃으며
지금도 나를 사랑한다 말합니다

내 사랑은 별 따라
하늘의 꽃이 되었어요
덕수궁 돌담길에 속삭이던 꿈
오늘 밤 아스라이 먼 나라에
따뜻하게 기다리며
나를 사랑한다 말합니다
그러나 지금 그대는
나를 잊은 지 오래입니다

나의 관심은

세상에 잘 사는 것이 무엇이냐
잘 먹고 잘 놀고 잠 잘 자는 게 좋은 세상
그러려면 어떻게 살아야 하느냐
생각하지 말고 묻지 마라
내가 관심 가지는 것은 미술관에 가서
그림을 감상하고 영화를 보고
음악회에 가서 베토벤의 운명을 듣는 것이 아니라
광장에 나가 촛불을 들고
대한민국은 민주공화국이라 노래하는 것이다
그러면 무엇을 얻으려는 것이냐
아무것도 없다 거짓말 하지 마라
너의 관심을 내가 안다
나의 관심을 너는 아느냐

독도

외로운 섬이 아니라
괭이갈매기 날고 푸른 파도 넘실대는
참으로 아름다운 섬
섬 그늘에 살고 있는 식물들
아침이면 영롱한 이슬방울에 어울려
어느 보석보다 값진
빛나는 햇살을 배에 싣는다

멀리 어머니가 부르는 자장가 뱃전에 들려온다
만선의 꿈을 싣고 돌아오는 기쁨의 함성
항구는 기적 소리에 들떠 있다

싱싱한 오징어와 은빛 고기들이 밥상에서 춤추고
그물과 낚싯줄에 꿈꾸는 깊은 바다
동도와 서도는 형제라 의지하며
조국의 바다를 지키고 있다

돌담 밑에 핀 꽃

돌담을 기어 올라붙은 담쟁이덩굴
이슬도 싱싱한 아침 거미줄 아래
흔하게 보이는 꽃들이 내 눈과 마주친다
살다 보면 이런 꽃들이 내게 힘이 되는 것을
그동안 모르고 살았다

석류가 통통 익어가는 계절
양지바른 장독대 단지들과 함께
붉고 하얗게 키도 작은 것들이 사이좋게
얼굴을 마주 보고 서있는 돌담길
시원한 꽃향기 매미 소리에 즐겁다

동백꽃보다 붉은

여수 붉은 마음 보러 가기 전
순천 유곽 아름다운 여자 있었네
잔잔한 섬마을 동백꽃은 쓸쓸한데
사나이 마음 흔들어 놓은
저 가냘픈 곤줄박이 울음
바람이 잠깐 쉬어가는 가지를 흔들어
그대가 두고 간 햇살의 길을 밟으며
산허리에 잠들 즈음
콩 볶던 기관총 소리도
통곡 소리도 잦아든
외로운 남도의 섬마을
누구도 살아남지 못했다
동백꽃은 떨어져 눈을 감고
절망에 몸부림치며
폭풍우에 휩쓸려 갔지

동지

밤이 제일 긴 날
아버지가 말씀하셨는데
아들아 지금껏 열심히 살아왔다고 하지만
앞으로 더 잘살아라
그리고 아버지는 밤에 떠나셨다
먼 하늘길 은하수를 지나
하나님이 살고 계시는 우주의 끝
그곳에 먼저 가시면서
어머니가 아랫목 이불 속에
따뜻한 밥 한 그릇 넣어 놓은 것 드시고
영원한 나라로 가셨다
동지팥죽을 끓이던 어머니
눈시울 붉어지던 날이었다
화단 눈 속에 피어난 붉은 꽃 한 송이
아버지의 훈장처럼 빛난다
아버지가 남기고 간 것은
아주 많다
밤하늘 북두칠성과 카시오페아 별자리
조용히 가리키시면서
말씀하셨다

밤이 길다 방으로 들어가자
아버지의 길고 긴 총 한 자루가 눈에 들어온다
평화로움을 주는 밤
아버지는 그렇게 유공자 묘역 가운데
차가운 비석으로 서 계셨다
내일부터 해는 길어질 것이고
노루 꼬리만 한 해가 오래도록
따뜻하게 아버지의 무덤을 지나가며
동지의 밤 길고 긴 시간을
아버지의 평화는 남북을 이을 것이다
아버지의 고향 보은 법주리 집은 무너지고
별빛의 잔해들이 고향 친구들을 불러내고 있었다
동지섣달 길고 긴 어두운 밤
아들에게 동학의 정신을 물려주시고
말없이 잠드셨다

등대

별들이 쏟아지던 바다가 하루종일 울고 있습니다
지친 몸과 마음을 쉬고 등대가 되어 봅니다
바퀴벌레 무서운 꽃 하나가 집을 떠나 외로움을 달래면서
보라꽃 춤에 향기로운 하루를 보냈습니다
자유로운 사상의 깃발 하나가 빛납니다
싱가포르 북미 정상회담
푸른 별 하나가 백두산 장군봉 떠오르는 해를 향해 머리를 숙입니다
삼지연 호수의 등대는 밤새도록 불을 밝히고
대동강 천리마탑 끝에 노동의 하루가 평안한 하루입니다
등대는 그렇게 아침을 맞이합니다
판문점의 여름을 맞이합니다

릴케에게 쓰는 편지

가을날이란 시를
종소리에 맞추어 예배 때 읽었습니다.
인생의 내리막은 이제 막 시작되었으며
과수원 언덕에 황금사과가 흔들리고
붉은 장미꽃 한 송이
생애 마지막을 불태우고 있습니다.

영혼의 별빛은 구름 사이로
그리운 얼굴을 떠올리며
먼 미래의 나라를 보여줍니다.
그리운 어머니와 할머니의 실루엣이
저녁 강물 위로 흐릅니다.

만산홍엽이 가득한 산수화 속에
태공이 낚시를 드리우고
폭포 쏟아지는 소리 요란한 가운데
당신은 이곳에 오셔서
은혜가 넘칩니다.

만년필로 저항시를 쓰다

변화무쌍한 하늘에
만년필 푸른색으로 시를 씁니다

구름도 그리고 해와 달도 그리고
은하수와 별도 그립니다

강물 따라 흐르는 것들에 나를 맡깁니다
단단한 바위를 깎으며
돌을 굴립니다

낙동강 마른 강아지풀이 바람에 흔들리며
옷깃을 붙잡고 말합니다
나를 붙잡아두려고 하는 마음 한 자락
강물에 던져 버리며
만년필로 자유라고 씁니다

무명의 이름으로
강을 죽이는 권력들과
바다에 이르기까지 저항하며
생명을 살리기 위해

잉크를 주입하며
흘린 피를 깨우겠습니다

목사가 절에 간 이유

절밥을 먹고 나서
하늘의 별을 보니 배가 불렀다
한용운 시인 백년의 자취를 느껴보고자
백담사에 갔더니 맑은 물에 발 닦고 가란다

흐르는 물에 발 담그자
온몸에 푸른 산물이 들었다
연밥을 빼먹으면서 고얀 것 머물던 방 앞에 이르러
침 한번 탁 뱉고 내 머리 손으로 두들긴다

추운 겨울 옥방 마루방에서
창살 밖으로 내다보던 얼굴 하나
둥그러니 동산에 떠올라
기도하는 맘으로 탑을 돌며
속에 있는 자질구레한 것 내려놓고
아무것도 가지지 못한 너를 생각하며
절 마당의 공든 탑을 허문다

어머니의 손

이마에 손을 얹으시고
어디 아프냐
배를 쓰다듬으시며
이제 아프지 않지
그러시며 다정하게 눈웃음 짓던
어머니가 세상에 계실 때
산같이 넉넉했고 들같이 포근했던
앞 냇가 빨래터에 힘찬 방망이 소리
냇가에 메어 놓은 누렁소와
어머니의 흰 머리칼과
구부러진 허리를 보며 자란
그 시절 고향 집은 텅 비었고
논밭에는 잡초만 무성하다
어머니가 등을 두드리며
꿈결에 잠을 깨운다
얘야, 아침 먹어야지
창문에 햇살이 환하다

푸르던 생명

몸속에 들어와 피가 되고 살이 되는
어쩌면 자신을 죽이고 다시 사는
물살을 거슬러 오르는 힘찬 움직임
유리 어항 속에 출렁대며 꾸던 꿈
그것은 혁명이었다
세상을 다 가지려고 했었다
매일의 노동과 이별의 슬픔을 뒤로 하고
폭포를 뛰어오르던 지느러미 같은 힘
후회 없이 피 끓는 청춘을 살았다
존재 없이 존재하는 강물 속에 구름
사랑하는 이의 얼굴이 흘러갔다

3부

무등산

무등산

배고프지 않고
슬프지 않던 산
오월 전남대 앞에 오면
왜 이리 가슴이 미어질까
찔레꽃이 붉은 이유를 알기까지
하나님이 거기 있다고 믿던 시인과
늦게까지 금남로 뒷골목
술자리 부르던 노래는
이별가 아닌 혁명가
무등산은 산 중의 산
사람의 산이다
죽음의 경계를 넘어
박관현, 이철규, 박승희의
살아있는 혼 서린
젖무덤 떠오른 둥근 산
첫사랑의 향기가 있고
진한 분 냄새도 있고
가시면류관 쓴 이의 고통도 있네
피가 먼저 쏟아지고
젊은 예수 일으켜 세운 부활

어머니가 살아 있는
든든한 입석대 아래
거기 내가 있다

무심천, 꽃과 시 흐르다

맑은 여울
그녀의 다리 밑
도시의 철교 기적 소리는
몸속의 붉은 장미꽃 피운다

한 폭의 그림 게르니카
사상과 이념으로 나뉜
학살의 기억과
끌려가던 벗들의 피 묻은 모습
전쟁통에 잃은 아이의 얼굴이 겹쳐
물가에 어른거린다

무심천 다리 아래
보도연맹 말없이 맺힌 꽃망울
깊게 패인 주름살 둑길에
삶의 진한 살구꽃 향기
그날의 청춘은 가고 없구나

할아버지보다 먼저 간
대답 없는 아버지

봄밤 꽃등 밝혀
어머니 마음은 물길 따라
하늘을 오르네

물을 마시며

물을 마실 때
마음을 비우고
하늘을 올려다보니
남쪽을 향해 날아가는 기러기
들에 피는 꽃들의 그리움
강촌의 밤 불빛들이
눈물에 젖어 흘러가는데
빈 그릇을 채우고 지는 달
고향 집 울안에
국화 향기 가득하다

민들레

봄날 민들레가 새순을 내밉니다
새 소리 바람 소리 기뻐합니다
밝은 꽃등불이 밝혀집니다

강가의 민들레가 기도합니다
어머니가 일하고 돌아오는 저녁
용진 종소리가 양수리에 흘러갑니다

밤새 꿈을 꿉니다
북한강 남한강을 날아다닙니다
어머니가 늦도록 무릎을 꿇었습니다

바람 타는 섬에서

북촌을 지나 시인의 집
바쁘게 강한 바람이 지나간다
파도가 너무 높다
서귀포 푸른 바다
어제보다 높은 파도가
동백꽃보다 붉게 떠오른다
바람 세찬 바닷가 정방폭포 그리고 강정해군기지
군함 두 척이 정박해 있고
한라산에 눈 내려 유채꽃 깃발 나부낀다
촛불 들었던 동지들이 모여 밤을 새우며
목숨 걸고 싸웠던
김달삼 그를 불러내어
부용산 노래를 부르게 했다
한라산 중턱에 오십을 넘긴 여자의 영혼 슬프다
바다의 노래 금빛 은빛별을 세며
사랑한 사람들을 떠난 여자
그 여인 잠든 하늘공원에 바람이 분다
세 남자는 굵은 눈물을 뿌린다
하얀 모자를 쓴 산을 보며
동백꽃 한 잎 눈 뜨고

그의 눈을 위해 안수 기도를 한다
그녀가 산 위로 빠르게 오르자
아주 급하게 이름을 부른다
바람과 돌 그리고 여자
바람 타는 섬을 떠난다

보름달

달이 논두렁에서
달이 냇가에서 따라온다
동네 공동 샘에서 퍼 올린 물동이 속에
달을 가득 담아 가지고 오던 어머니가 계셨다
그런 어머니 달을 따라 길을 떠났다
암스트롱이 타고 간 우주선을 빌려서 간 것일까
할아버지도 할머니도 아저씨도 풍년이 든 논에
그 흥얼거리던 노래가 있던 들판에 없다
기계들의 소리만 있고
그리운 사람은 없다
다들 어디로 가신 것일까
달나라로 떠난 새들처럼
깊은 우물 속으로 추억의 여행을 떠나셨나
그런 고향에 돌아와 달을 본다
손자는 달이 피자 같다 한다
손녀는 치즈 색깔이 난다 했다
달이 나무에 걸렸다가
구름에 질 때까지
아이는 햄버거가 먹고 싶다고 했다
달에도 천국으로 가는 길이 있는 것일까

어머니는 이 길 따라 오너라 하신다
토끼네 식구가 살고 있는 곳에서
오늘만이라도 마루에 앉아
송편을 먹자 한다

백중사리

바다가 넘치는 일은 없겠지
'해운대' 영화를 보니 재미있다
천만 명이 넘는 관람객이 다녀간 극장에서
돌아오는 추석을 생각했다

어머니와 아들이 운동장에서
가설극장 상영작 아직도 기억나는 추억 속의 영화
'두만강아 잘 있거라'

달이 둥글게 떴다 할머니와 보지 못한 것이
섭섭한 달 옆에 별빛 하나 아름다웠다

바다가 높은 산을 이루는 영화
그 속에 살아남은 사람들의 이야기
천재지변을 누가 막을 수 있을까

영화가 끝나고
신종 감기에도 용감한 사람들의 얼굴에
자신감이 넘치는 것을 보면 행복하다

지난해 부산국제영화제 때
서면의 뒷골목 주막에 푸짐한 가을
넉넉한 여성 시인의 웃음이 그립다

백중사리
바닷가에 사는 사람들은 주의하라는
일기예보를 들으며
미열이 있어
신종플루가 아닌가 헛기침을 한다

봄날의 끝

새 한 마리
계단을 오른다
음계를 밟고 오른다
숨을 헐떡이며
임종을 앞두고 있다
맑은 눈으로 말한다
세상은 아름다웠어
꽃들은 고개를 떨구며
바람의 곁을 지난다
지나온 세월의 가지마다
꽃 피고 지는
살구꽃 나무 아래
천국의 다리는 끊어진 채
강을 건너는 봄
새의 그림자만 남아 있다

별을 위하여

세상 기억 뒤로 하고
죽은 이에게 축복을 한다
별 하나 태어나는 우주
자궁 속 빛나는 별 하나
어머니의 별나라
멀고 먼 수십억 광년
그곳에서 행복했던 날
하나님은 환하게 웃으셨다

빗살무늬토기

언덕 너머 토굴집
청동기시대 아궁이 옆에
따듯한 물을 담고 있었을
오랜 역사의 거울
밥상의 중간에 앉았던 나비 한 마리
시공을 초월하여 날아오른다
천년만년 신비롭게 향기를 담은
질그릇 표면에 빛나던 햇살도
밤하늘 총총한 보석들
이슬처럼 내려앉던
오래된 그릇 안의 전설들
물 위에 그려진 달님도
해님과 즐겁게 놀다간
빗살무늬 머리에 얹은 여인의
푸른 하늘이 서늘하다

사랑을 위하여

캄캄한 우주의 한 모퉁이 별
작고 작은 별빛 모음의 노래집이 있는 곳
어디서 은하열차가 도착하는 시간
희망이라는 큰 선물이 보이는 간이역
백일홍 꽃이 피어 웃으며 말한
호주머니에 울리는 메시지
사랑, 사랑 사랑해라는 컬러 편지
적이 아닌 적들 앞에
푸른 젊음의 초병은
그녀의 편지를 기다렸지만 오지 않았다
백년의 슬픔 한 세기가 지났다
구름 펄펄 떨어져 날리는 흰 꽃들
강물 바닥 깊은 곳에 전설들이 살아나고
천년 오층탑 꼭대기 올라가
바라는 기도 드려보면
천둥 번개 스쳐가네
끝이 아니다 끝이 보이지 않는 사랑
사랑은 눈물도 없고 절망도 없다
지구를 떠나는 날까지

사랑한다면

사랑한다면 돈이 별로 중요한 게 아닐 것이야
저 펄펄 내리는 함박눈만 봐도 마음이 포근해지고
가난하지만 그대가 끓여주는 라면 한 그릇에도 감동하고
믹스 커피지만
따뜻한 커피에 가슴이 뜨거워지는 이 추운 겨울

떠나가더라도 눈물은 보이지 마
사랑한다면 헤어지는 것도 좋은 것이지
그 많은 세월
함께 살아준 것만도 고맙지
집과 울타리와 나무와 새들과 꽃들이 어울리는
이층집 낮은 방에서 들리는 통곡 소리
남의 방에서 엉엉 울고 있는
낯선 사내는 누구일까

사랑이라는 말 한마디 없이
돌아서서 가는 그녀
뒷모습 휴대폰 카메라의 렌즈에 박기까지
그녀는 해방의 길을 가는 걸까

사랑한다면 보내는 것도 나쁘지 않아
나무의 새들이 다른 나무로 날아가는 것처럼
사랑한다면 훨훨 보내 버려야지

무덤에서

한가위 산소 형형색색 꽃들
아픈 가슴속 떨리는 음성으로
하늘을 보고 눈물을 감춘다
합장한 묘지 위에
가을 햇볕이 뜨겁다
코스모스 한들거리는 산 중턱에
숨 가쁘다 살아 있음이
그래도 떠나야 하면 가야지
하늘의 별 숲으로
자작나무 소리 내는 산
먼저 떠난 연인과 사람들
죽음을 따라가다 보니 멈춘 여기
아프다 뒤돌아본 길
어머니의 눈물이 선하다
백두산에 올라서
한라산에 올라서
그 밑에 잠든 전사들과 열사들
산소에서 머리 숙이니
정말 아프다
소리 지르랴

듣지 못할 순간
땅으로 내리쏟아지는
영혼의 촛불

산벚꽃

늘어진 벚꽃
춤을 추듯 흔들거리는
온몸이 환하게 빛나는 아침
분홍빛 햇살이
가슴을 두드리며 황홀하게 움직인다
봄 어느 날이었을 것이다
잔디 위에 앉아서
벚꽃 핀 산을 껴안고 뒹굴던
한없이 그립고 보고픈 연인
바람이었을까
해마다 산벚꽃 흐드러지게 피는데
내 마음 한쪽을 떼어가는
산벚꽃 핀 산 아래 여자

동백꽃

동백꽃 피는 남해 와온
봄 처녀 만나는 아침이다
다도해 푸른 하늘 멀리 떠오르는
그리운 얼굴 만나는 날이다
붉은 그 목소리 따뜻한 가슴팍에
얼굴을 묻고 숨죽여 울던 날
떠나가신 님 그 얼마나 오래되었는지
지리산 여수 순천 벌교 남원 산청 떠돌다가
지쳐 죽었는지 총 맞아 죽었는지
아무도 그의 소식을 모르다가
봄꽃 피고 지고 세월이 흘러가더니만
흰 머리칼 폭 삭은 얼굴에
늙어버린 사진 한 장
북에서 내려와 내 눈앞에 섰다
남쪽이 그리워 눈물짓는다는 사연과 함께
아직도 그는 청년이었다.
동백꽃 바다가 넓게 물드는 저녁
산으로 떠났던 사람의 노래가
두루마기 파도에 실려 온다

후회 말아요

내가 죽어 당신이 산다면
정말 후회는 없어요

저기 저 산봉우리 흰 구름처럼
그렇게 청산에 살다 가면 되는 것이지요
욕심도 없어요
그대의 모든 것 다 가지고 가는데요
눈빛 가슴 따뜻한 손
그것이면 충분합니다

내 얼굴을 덮어 주실 때
꽃으로 수놓은 당신의 손수건을 얹어주세요
평생을 가난하고 힘든 사람들을 위해서
사는 것이 어쩜 이리 행복했을까요

그렇다고 성자는 아니었습니다
천사처럼 희망의 새가 되고 싶었어요

내 떠나는 날 나무가 말했어요
구름도 말을 하였고

바람도 마지막 인사를 했어요
나뭇가지의 단풍들이 우수수 떨어집니다

내가 죽는다고 후회는 말아요
나는 다시 올 테니까요

폭설

바위산의 청청한 소나무
독야청청 그 위엄 자손만대에 걸쳐
고운 자태 빛내더니
간밤 지독히 내린 눈으로 부상을 입었다
목뼈가 부러지고 팔을 다쳐 불구 신세
법주사 가는 길,
정이품송 벼락 맞아
제 모양 잃은 지 오래지만
부처와 같은 마음 변치 않고

비바람 눈보라 찬 서리에도 변함없이 자리 지킨다
또 눈은 사정없이 내리고 상처는 아물어가는데
교만한 마음 버리라고 눈이 내린다
산과 들 내 마음의 작은 상처까지도 감추어버린다
버스가 끊긴 법주리 산골 집 아궁이에
솔가지와 장작개비 잘도 탄다
소나무 숲속에 토기도 꿩도 잠든 밤
딱, 따닥 뼈 부러지는 소리 들린다

항아리

내 몸이 흙으로 만들어진
구석기시대 빗살무늬토기에서
또 다른 항아리로 태어나
변하지 않은 것들을 변화시킨다
수천수만 년 살아온 삶의 뒤안길에서
여러 인생을 담아내는 보잘것없어 보이는
때로는 빈 항아리로 있다가
속을 채우고도 자랑하지 않는
변할 수 없는 맛의 질그릇
내가 달라지고 있는 비결은
그 누구도 알 수 없지만
그 속에 들어가 달라지고 있다
나를 변화시키고 있는 사람
생명을 닮은 항아리

4부

진달래 산천

삼월에 내리는 눈

누군가 그리운 밤
반짝이는 별 하나 맑은 눈물
쏟아져 내리는 은하수를 바라봅니다
물오른 목련나무 가지 위에도
이제 막 피기 시작한 동백꽃 위에도
매화가 만발한 가지 위에
깨끗하고 반듯하게 자리한 몸
일편단심 하얀 민들레
분터골 보도연맹 학살 현장
무심천에 펑펑 내립니다
아버지의 흰 옷자락 펄럭입니다
어머니의 눈물입니다

새벽 기차

완행열차를 타고 지난 세기를 뒤로 하던 날
잃어버린 항구를 찾아 기차를 탔다
덜컹 덜커덩거리며 강을 건너고 산을 뚫고 간다
이라크 바그다드 골목
무화과나무의 터진 얼굴 참혹한 상처
피난민 열차는 아직도 꿈틀거리는 굼벵이였다
고향 집 울타리 꺾어진 돌담 안
전쟁에 살아남은 석류나무 한 그루
그 붉은 속 알맹이를 드러낼 때
이미 배는 망명을 떠났고
기차는 뱃고동 소리처럼 길게 한숨을 토했다

시의 길

내가 가는 길은
수성 금성이 나란히 빛을 발하는 어둔 밤
바닷가 모래밭에서 시의 보석을 캔다
급하게 밀려오는 밤바다 부서지는 파도
배 한 척을 가지고 시의 깊이를 재러 나간다
시의 마음속보다 깊은 해저에서 시의 친구들이
붉은 힘을 찾아 끌어 올린다

생명 있는 것들의 찬란한 빛
어떤 세상의 보석도 대신할 수 없는 언어의 마침표
저 이글거리는 인생의 종착 지점
내가 저 빛을 받고 살아있는 동안은
나의 시도 성산의 나무들처럼 푸르리라

손바닥으로 하늘의 빛을 막을 수 없듯이
불의한 제국의 왕들과 권력의 나부랭이들
수천수만 수억 영혼의 언어들을 읽을 수 있나
아무리 시의 언어를 탄압할지라도
시인은 굴하지 않고 불의와 싸운다

압제의 길에 오직 변하지 않는 너
네 임종이 없는 한 영원히 살아
바다와 땅과 하늘과 지평선의 붉은 점을 향해
마침내 나의 길을 간다

시월의 마지막 밤

오늘따라 비는 내리고
갈 곳을 찾아보지만 갈 곳이 없다.

병원 침대에서
내려와 걸어가야 할 길은
저승길이 아니라 집으로 가는 길이다

따뜻한 커피가 있고
책상 위에 시집과 소설집이 놓여 있으며
쉴 의자가 있기에 그곳에 가고 싶다

지난날을 불러오는
찬 눈보라와 먹구름과 맞섰으며
살아있는 생명들의
아픔을 치유하기 위해 얼마나 바쁘게 살았던가

동무들이 떠나고 없는
서울역 광장에서 일자리를 잃고 떨고 있는
가난한 이웃들의 눈물바다를 보고
너무 크게 울었던지

내 얼굴에 깊은 뱃길의 상처가 나 있다

등대도 없고 아무도 찾지 않는
내 집과 고향에 가고 싶어도
그곳을 아는 사람이 없다

빈손 위로
단풍이 우수수 지는
남산공원의 의자에 앉아
긴 한숨을 쉬며 서울을 내려다본다

어두워지고 있다.
네온이 켜지면서
붉은 십자가가
시월의 마지막 밤을 장식한다

아름다운 사람이여

꽃비가 내리는 날은
그립고 보고 싶은 사람이 하나 있었다
바닷가에 쏟아지는 당신의 쓸쓸한 오후의 뒷모습을 보면
어머니가 그립고 먼저 떠난 벗들의 얼굴이 떠오르기도 했다
제주와 부산 마산 여수 순천 광주에서 죽어간 넋들
비 그치면 어떤 얼굴은 장미꽃으로 피어나기도 하고
또 다른 어떤 얼굴은 찔레꽃에 실바람 되어 날아갔다

무작정 팔랑대는 마로니에 햇볕 한 줌
바닷가에 뿌려 놓은 혁명의 별들이
거센 파도 어두운 암벽을 때리는 움직임에
목포 유달산 열매 붉게 익어 갈 때

끝나지 않은 민주주의 봄 서울역 광장에서
탱크와 장갑차를 동원한 군홧발에 터지는 가슴과 배
쓰러져 죽은 자 금남로의 은행나무가 되던 시절
남한산성 비운의 기록처럼 참혹하기만 했던 인생
화병으로 죽을 수밖에 없는 세상을 원망하지 않았다

전직 대통령도 질벽에서 뛰어내렸다
영혼의 노랑나비 되어 날아가는 세상의 끝으로
차라리 꿈이 아니고 생시였다면 좋았을 것을
보리밥 저녁 빛에 쓰러지는 인동초
툇마루에 남은 한 조각의 작은 빛
눈물의 바다로 떠나가는 배여
저 세상에 가시거든 저 넓은 땅의 통일을 위해
영원히 잠들지 마시고
살아계시옵소서

김 동지 하고 불러주셨던 지난 세월 그 오후를 기억하며
대통령의 미소 띤 점심을 함께 먹을 때
6·15공동선언의 감격을 떠올리던 날
나는 평양 백두산 묘향산에 보았다오
살아있는 새날 새 아침을 맞이하는 날

말하리라 혁명은 아름다웠다고
하늘로 떠나가는 큰 배여

소나무와 달과 별

피부색에 맑은 점 하나가
나이게 하듯이 하늘에 없어지지 않는
그렇다고 사라지지도 않을 얼굴이 있다
소나무에서 달이 뜨고 물에서 별이 뜨고
물가 앉은 바위에서 떨어져 나가 별이 된 산
그 광활한 우주의 소나무 그림자가 길게
골목길 끝 북두칠성을 지키고 있다
누가 날 이 광활한 세상으로 보냈을까
어머니의 소나무 푸른 숲 그늘을 나와
내가 선 땅에서 삼태성별을 보며
여기가 거기인가 싶어 젖무덤 더듬어진다
탯줄을 자르고 나와 사람이 된
소나무와 달과 별 촘촘하게 들어찬 산
이곳은 그대가 태어난 바로 그곳이야
아, 여자여 당신은 달 뒤편 별이 되려고
그대를 변함없이 바라보는 소나무인가

어떤 결혼

시련과 고통 없이 피는 꽃은 없다
너와 내가 살며 피우고자 하는 꽃은
온실 속의 꽃이 아니라 벌판
사막에 비가 내리고 난 다음 피어나는
낙타가 길 가다 꿈꾸는 세상
뜨거운 심장 서로 껴안고 가는 길
그늘 속에 숨어 피는 오아시스의 꽃이다
향 가득한 에덴 무화과나무 열매 익는
시온성 뒤에 조용하게 떠오르는
산을 넘기 위해 기다리는 햇살
지금까지 함께 타고 왔다

우암산

소등 타고 가을맞이하네
무심천 냇가 풀을 뜯기러 나간 날
어디서 작은 아이 손이 다가와
붉게 물든 옷깃을 잡아당긴다
멀리 산 정상 노란 단풍이 들기 시작했다
산국이 막 피어날 무렵
비행하던 새들이 재재거릴 때
풍요의 바람이 빈 접시에 누웠다
마음은 어느 새 슬프고 쓸쓸하다
낮은 산은 점점 높아지기만 하고
먼 들을 바라보니
들판 가로질러 전투기가 난다
산산이 부서지는 하늘
황혼이 물들기 시작했다

은행잎

은행나무 잎 하나
책꽂이 속에 잠든 너를 깨워
동학혁명의 시를 읽는다
한양성 그 이듬해였을 것이다
목 하나 뚝 떨어져 지는 소리에
광화문 촛불 눈을 떴다
황토현 우금치 곰나루
1894년 금강의 하늘
신동엽 시인의 시
진달래 산천 그 아름다움
북두칠성 찻잔을 채우고
오래도록 시인의 마음
녹두장군 목을 적신다
찬 바람이 분다

입

내 입은 작은 항구다
모든 세상의 말들이 정박하고
알 수 없는 신비한 말들이 집합한다
내 입은 선박이다 무엇이든 들이고 내릴 수 있다
선박은 붙들려도 내 입은 둥둥 떠다닌다
내 심장과 손발은 거울이고 눈이다
내 에너지는 신선한 채소며 과일이다
내 입을 통과하는 먹을거리들은 깨끗하다
내 입은 강이다 들어오는 곳은 열려있고
나가는 곳은 시원하게 뚫려있다

신은 몸속 내장을 일직선으로 만들지 않았다
강물은 굽이굽이 돌아가야 넓은 바다로 간다
말은 잘 못해도 입은 삐뚤어질 수 없다
내 입은 운하가 아니고 희망이다
내 몸의 입은 소망한다 한반도 대운하 반대
항구의 강은 대운하가 될 수 없다
내 입은 말한다

진달래 산천

내 마음 진달래꽃 같아
첫사랑 부드러운 음성 들리네
어젯밤 꿈속에 다녀가더니
그녀의 붉은 마음
강물 따라 붉게 흘러간다

내 사랑 끝까지 붉은
그 정열의 봄밤의 사연 깊어
오늘 아침 강 건너 산을 보니
아름다운 그녀가 있네
부드러운 향기 파고드는 이른 봄
진달래 산천 그립다

또 다시 진달래 피는 봄이 오면
고향의 뒷동산 노랫소리
아아 보고 싶은 마음
떠나간 사람 그리운 진달래 산천
다시 돌아오라

모래의 집

모래가 반석 위의 훌륭한 집이 된다
모래가 흩어진다고 말하지 마라
아주 작은 모래들이 강물과
함께 살아있어서
생명 있는 것들의 집을 짓는다

모래가 뭉치면 대단한 응집력을 보인다
돌보다 더 단단하고 바위보다 강한 힘을 갖는다

사랑하면 모래알처럼 부드러워지고
물처럼 흘러내리고 비단결 바람으로 따뜻한 집이 된다

성난 태풍과 파도를 잠잠하게 하는 마력을 가진
바다를 감싸고 있는 명사십리 해당화
그 꽃이 행복의 집을 만든다

모래가 없으면 집이 없다

모래여 오늘은 집을 세우고

내일은 사막에 태양의 신전을 세워라
오아시스를 둘러싸고 있는
모래성이 바람을 막아준다

맑은 물과 푸른 나무와 건강한 하늘이
모래 위에 흐른다

시계가 없어도 모래는 시간을 잰다
지금 지구가 몇 시인지 알고 있다
신음하는 사람들이 집 없이 죽어간다

너는 태초 에덴의 흙이었다
너는 집이었고 따뜻한 이불이었다

지구가 사막화된다는 것은
지구 최초의 동산을 만들기 위해서다

도시의 높은 빌딩과
바닷가 다닥다닥 붙은 집들이
모래의 그림을 그린다

자궁의 집을 짓고
남자의 집을 짓는다

모래가 갑자기 위대하다
신음하는 생명들이 모래 위에 자신의 집을 남긴다

꽃을 안 보면

꽃을 못 본 날은 눈이 아프다
하루종일 기분이 그렇다
꽃을 안 보면 마음이 이상해진다
안 보면 못살 것 같다

꽃이 인생의 반을 차지하고 있다
오늘 만난 꽃은 울 밑에 핀 꽃이다
꽃이 나의 생활의 일부다
점심 때 만난 꽃은 키가 큰 꽃이다

꽃도 사람처럼 사랑을 한다
사람은 꽃을 좋아하고
꽃도 사랑을 느낄 줄 안다
하루라도 안 보면 눈이 아프다

꽃과 함께 맞이하는 저녁
누이의 분 냄새나는 꽃이 피었다
꽃과 함께 별이 떴다
한결같이 울타리 옆에 피어 있다

꽃을 바치며

망루에서
붉은 꽃이
펑펑 쏟아진다
불꽃을
손에 담지만
뜨겁지 않다
차갑게 식어간 꽃잎 위에
하늘의 위로가
바람에 실려 오는 날
내 집과
아내와 딸과 자식들의 안위를
생각하고
사람들의 본향
너와 함께 간다
울지 말고
절대로 내가 죽었다고
슬퍼하지도 마라
원수를 사랑하지도 마라
고난의 세월
진흙투성이 삶이었지만

내 이리 자랑스럽다
너희들이 살아 있는 한
나는 죽은 것이 아니다
슬픔 말고
붉은 꽃 한 송이
잊혀져 가는 이름들 머리 위에
마음을 다해 얹어다오

꽃비

통영의 진달래꽃이 피기 시작하고
서울의 광화문 뒷산 봄꽃이 장관일 때
바람이 세차게 창문을 흔든다
사형장 뜰에도 꽃이 피었고
밧줄에 목을 매단 얼굴들이 떠오른다
도예종으로 대표되는 사람들
내 나이보다 젊게 세상을 떴다
봄비가 내리는 날 아침
왜 이렇게 가슴이 아프고 눈물이 날까
살아 돌아온 날
내 상처가 나를 슬프게 할 때
원수들의 자식들이 금배지를 달기도 하고
검 판사가 되어서 재판을 하고
재벌이 되어서 큰소리를 치는데
꽃비가 쏟아진다
태극기와 성조기 흔들며 친일파 독재자의 딸
석방하라 난리를 치는데
같은 하늘 아래 사는 저것들
광주 학살이 무엇인 줄 알까
촛불혁명이 성공한 나라일 것 같으면

반역의 무리들을
적폐를
꽃비처럼 내리게 할 텐데
슬프다

꽃병의 추억

체 게바라 향수 짙은 바람이 불 때
눅눅한 피의 냄새 최루탄에 실려왔다
바다를 건너 온 붉은 꽃병 속에
사랑하는 사람들의 영혼이 있었다
빛도 없이 사라져 간 푸른 하늘 구름 위에
슬픈 청춘은 쑥국쑥국 울어댄다
목 놓아 우는 거리 어두운 골목 끝에
작은 꽃 한 송이 저항의 몸부림 지친 가슴
사월에 타오르는 목숨을 던진다
비 오듯 쏟아지는 총탄 비켜가는
젊은 그날의 거리 마로니에 꽃병 하나
고개를 떨구고 붉은 숨을 거둔다
다시 돌아오는 꽃병의 추억이여

차 마시는 아침

티벳 승려의 눈물이었을까
아니면 차마고도 찻잎을 따서
고마운 손님에게 대접하려고
이른 봄 높은 나뭇가지에 올라간 여자
별을 흔들어 이슬을 털어낸 영롱한 눈물
달라이라마가 보고 싶어 거울을 보았다
거기 낡은 신문에서 오려낸 얼굴이 웃었다
히말라야의 시냇물이 뺨을 타고 흘렀다
주전자에 끓는 물은 연꽃처럼
낮은 곳으로 피어올랐다

가을 편지

멀리 떠나간 아들에게
오래도록 보지 못하는
내 젊은 날의 초상처럼
애인도 없는 젊음에게
멀리 판문점 쪽 하늘에 쓴다

세상에 여자가 없으면 쓸쓸하겠지
그런 아들에게 편지한다
아들은 군에 간 후로 나무가 되었다
임진강 건너 초소 어딘가를 응시할
조금은 고독할 사랑

촛불을 밝혀 들던 거리에는
은행잎 물들고 찬 바람이 분다
전선으로 떠난 너를 생각하면
광장에서 물대포를 맞으며 웃던
비겁함을 탓하지 않고
무사하기만을 빌겠지
산국화 피는 휴전선의 달밤
귀뚜라미 우는 전선에서

너는 나를 걱정하겠지

적이 아닌 적들에게 총을 겨눠야 할 고통
주적은 바다 건너에 있는데

■발문

평화를 위한 싸움

정 대 호
(시 인)

1.

김창규 시인이 제 5시집 『별 하나를 사랑하여』를 낸다고 시집 뒤에 붙일 글을 좀 써 달라고 하였다. 김창규 시인은 시를 잘 쓰기도 하지만 청주에서 사람 사는 세상을 만들기 위해 노력하는 훌륭한 목회자이며 사회운동가이기도 하다. 김창규 시인은 나이도 나보다 더 많을 뿐 아니라 사회생활이나 사회를 보는 안목에도 선배다. 소위 인생의 선배다. 김창규 시인을 알게 된 것은 벌써 30년이 훨씬 넘는다. 1983년 겨울, 분단시대 동인을 만들 때 대구에서 처음 만난 것 같다. 그때 우리들은 20대의 청년들이었다. 세월이 흘러 이제 60이 넘었다. 김 시인은 무엇을 하든 열정적이었다. 그는 대학을 다닐 때부터 학생운동을 했으며 여전히 사회운동에 열정을 가지고 있었다. 행동하는 지성이었다. 이런 김 시인이 시집을 내는데 그 시들을 보고 글을 쓴다는 것은 나로서는 영광스러운 일이겠으나 능력이 얕고 모자라서 사양을 하였다. 그래도 김 시인이 그냥 써 달라고 하기에 새로운 시집에 누가 되는 줄 알면서도 이렇게 쓴다.

김창규 시인은 여수 순천 항쟁을 비롯하여 제주 4·3, 광주의 5월 등 역사적 투쟁의 현장을 직접 가서 보고 시를 썼고 제주도 강정마을, 세월호, 광화문 광장, 성주 소성리 등 역사적 싸움의 현장을 직접 다니면서 그 현장을 독려하기 위해 시를 쓴다.

싸움에는 여러 가지 경우가 있다. 첫째 유형은 힘이 센 사람이 힘이 없는 사람들을 괴롭히기 위해 싸우는 경우가 있다. 그들은 때로 이유 없이 자신을 과시하기 위해 싸우기도 한다. 싸우는 사람들은 놀이이고 재미있을지 몰라도 당하는 사람들은 고통스럽고 때로는 치욕감을 느낀다. 이것은 악마의 싸움이다. 나라와 나라 사이에서도 자주 있다. 둘째 유형은 힘이 센 사람들이 힘이 없는 사람들의 것을 빼앗기 위해 싸운다. 이것은 강도의 싸움이다. 나라와 나라 사이에도 자주 있다. 셋째 유형은 힘이 약한 사람이 남들이 괴롭히는 것을 이겨내기 위한 싸움이 있다. 이것은 자신의 생존을 위한 처절한 싸움이 되는 경우가 많다. 이는 자기 방어의 싸움이다. 나라와 나라 사이에도 자주 있다. 넷째는 사회적 정의나 평화를 위한 싸움이 있다. 이는 자신을 포함하여 남을 위한 싸움이다. 앞의 셋의 싸움이 모두 자신의 이해와 관련이 있다면 이것은 이타적인 싸움이다. 자신의 희생이 뒤따르기 때문에 고귀하다. 때로는 거룩하고 성스럽기도 하다. 김창규 시인의 싸움은 주로 자신과 남의 평화를 위한 이타적인 것이다.

김 시인이 젊은 시절, 우리나라는 군부독재라는 전형적인 비도덕적인 사회였다. 이런 사회에서 김 시인과 같은 도덕적인 사람들은 비극적이게 마련이다. 비도덕적인 사회에서 도덕적인 사람은 필연적으로 도덕성 때문에 사회와 갈등관계에 놓이게 된다. 뒷날 역사적인 평가에서는 어떻게 될지 모르지만 현실에서 사회와 개인이 갈등을 일으켜 싸우게 되면 사회가 이긴다. 이런 사회를 바꾸기 위해 노력하는 개인은 늘 패배자의 위치에 있다. 일시적인 싸움의 순간 기쁨을 얻을 수도 있지만 자신은 늘 물리적인 갈등에서 패배한다. 이것은 육체적 고통으로 이어진다. 이것은 개인의 비극적 삶의 원인이 된다.

김창규 시인은 지금도 여수 수산물특화시장 상인들을 위한 기도를 하기 위해 여수에 다닌다. 그는 여수에 사는 김진수 시인을 통해 여수 수산물특화시장 상인들의 억울한 사연을 듣고 그들의 싸움을 도와주기 위해서다. 이렇게 살아오다 보니 몸이 많이 상했다.

2.

김창규 시인은 그저 평범하고 소박한 사람이다. 일상에서 먹고 입는 것들도 그렇다. 특별하게 맛집을 찾아다니는 것이 아니고 따뜻한 마음으로 편하게 먹을 수 있는 곳이면 만족하고 화려한 치장보다는 남들과 어울릴 수 있는 단장이면 편안해 한다. 그는 평범하고 소박한 것들이 아름답다는 것을 잘 안다. 그것은 마음의 평화를 주기 때문이다.

별이 되어 만나는 날까지
바람의 꽃과 그리움의 별 하나로 삽니다
강물이 소리 없이 흐르는 겨울 밤
무수한 이야기들이 떠오릅니다
민들레 벌판 푸른 꿈이 꽃 필 적에
묵직한 고인돌 위에 별 하나 내려옵니다
사랑하는 당신을 이렇게 멀리서
그저 바라보기만 합니다

–「그리운 사람에게 띄우는 편지」 전문

봄날 민들레가 새순을 내밉니다
새소리 바람 소리 기뻐합니다
밝은 꽃등불이 밝혀집니다
강가의 민들레가 기도합니다
어머니가 일하고 돌아오는 저녁
용진 종소리가 양수리에 흘러갑니다
밤새 꿈을 꿉니다

북한강 남한강을 날아다닙니다
어머니가 늦도록 무릎을 꿇었습니다

–「민들레」 전문

수수하다
꾸미지 않고 맨발로 나와서
아침 바람에 가슴을 내민다
백련사 은행나무 아래서
집 마당까지 따라왔나
속세를 떠난 꽃이었는데
때 묻은 옷자락에 묻어 온 씨앗
틈새를 비집고 들어와
찬바람 불면서
수줍은 얼굴을 내밀었다
활짝 흰 이를 드러내놓고
웃는 오늘은
쓸쓸하지 않은 날

–「구절초」 전문

김창규 시인의 이번 시집에서 몇 편 골라보았다. 개인적으로 그가 그리는 세상을 엿볼 수 있는 시편들이다. 이 세 편에 쓰인 시의 중심 소재들은 '바람꽃과 그리움의 별', '민들레의 새순', '백련사의 구절초' 이다. 모두가 작고 소박한 것들이다. 김창규 시인은 작은 소망, 작은 것들이 이루는 세상, 수수하고 수줍은 삶과 같은 것들이 아름다운 세상을 이룬다는 것을 잘 알고 있다. 이런 작고 소박한 것들이 이루는 세상은 탐욕이 적다. 욕심이 적으면 남들과 나눌 수 있고 갈등 없이 어우러져 살 수 있다. 마음의 평화를 얻을 수 있다. 그래서 그가 꾸린 교회의 이름도 청주나눔교회이다. 그는 시 「사랑한다면」에서 '사랑한다면 돈이 별로 중요한 게 아닐 것이야/ 저 펄펄 내리는 함박눈만 봐도 마음이 포근해지고/ 가난하지만 그대가 끓여주는 라면 한 그릇에도 감동하고/ 믹스 커피지만 따뜻한 커피에 가슴이 뜨거워지는 이 추운 겨울' 이라고 노래한다. 사랑한다는 이유만으로 함박눈만 봐도 마음이 포근해지고 라면 한 그릇에 감동하고 믹스커피 한 잔에 가슴이 뜨거워지는 삶을 산다면 사실상 살아가는데 큰돈이 들어가지 않는다. 돈은 그렇게 중요한 존재의미가 없다. 오직 사랑하는 사람이 훨씬 더 중요한 존재의미를 가진다. 다소 가난하게 살아도 자신이 좋아하는 사람들과 어울릴 수 있고 자신이 만족하면서 삶을 누릴 수 있다면 물질적인 어떤 풍요보다도 마음이 풍요로운 삶을 살 수 있다. 이렇게 살아가면 가진 돈의 많고 적음이나 사회적 지위의 높고 낮음은 살아가는 것의 동기 부여나 의미 부여가 되지 못한다. 스스로 얼마나 만족할 수 있는가가 중요하다. 이런 점에서 그는 아름다운 삶의 의미를 아는 시인이다.

3.

개인이 평화를 얻기 위해서는 사회가 평화로워야 한다. 그래서 그는 지금도 여수수산물특화시장 상인들을 위해 기도를 다닌다. 부유한 사람, 권력을 가진 사람들이 자신들의 이익을 위해 약한 자들의 권익을 빼앗는 사회가 되어서는 사회적 평화를 유지할 수가 없다. 뿐만 아니라 나라도 평화로워야 한다. 나라가 평화롭지 않고 그 안에 사는 국민들이 평화롭게 살 수가 없다. 국내적으로는 과거 군부독재에 의해 민주주의가 짓밟혔다. 그는 대학을 다니면서 유신독재의 만행을 체험했다. 1980년에는 민주주의의 봄이 신군부에 의해 무참히 짓밟히는 것을 보았다. 그때 광주는 '탱크와 장갑차를 동원한 군홧발에 터지는 가슴과 배 / 쓰러져 죽은 자 금남로'를 채우기도 했다. 뿐만 아니라 과거 해방 직후에는 '제주와 부산 마산 여수 순천 광주에서 죽어간 넋들'(「꽃비가 내리는 날은」)이 무수하다. 그때 남북분단을 거부하고 민족통일국가를 지향했던 사람들은 1946년 대구를 비롯하여 전국에서 6 · 25가 끝날 때까지 전 국토를 거쳐 대규모로 학살이 되었다. 아직까지 이에 대한 제대로 된 진상규명을 하지 못하고 있다. 사법적으로 사형된 사람들은 법정에서 무죄판결을 받고 있지만 남북이 분단된 현실에서 제대로 된 신원이 되지 않고 있다. 여기에 재판 없이 처형된 양민들도 헤아릴 수 없이 많다. 어떻게 그들의 진상을 밝혀내고 그들의 희생에 대한 온당한 역사적 명예를 회복시켜줄 것인가도 숙제로 남아 있다.

이는 단순히 과거에 있었던 사실에 머무르지 않는다. 현재 우리가 외세를 극복하고 민족통일 국가를 어떻게 이루어 나갈 지와도 연결되어 있다. 분단된 현실은 남과 북의 많은 사람들에게 불필요한 억압과 속박을 가져왔다. 아니 만행을 저지르는 사람들이 분단 현실을 핑곗거리로 악용한다. 이를 해결하기 위해 우리 민족이 현 단계에서 우선적으로 해결해야 할 과제의 하나가 통일국가를 이루는 것이다. 통일이 이루어져야 남과 북은 지금보다 훨씬 더 정치적 평화체제에 이를 수 있고 이는 사회적 안정과 평화를 가져올 수 있다. 이런 것들을 김창규 시인은 잘 알고 있다.

그래서 그는 혼자만의 평화로운 삶에 안주할 수 없다. 주위에 고통 받는 사람들을 보면 마음이 아파 함께 고통스러워한다. 그래서 그는 20대부터 지금까지 거의 40년에 거쳐 사회운동을 해왔다. 이는 그가 남다른 사회적 공감 능력을 가졌기 때문이다.

북촌을 지나 시인의 집
바쁘게 강한 바람이 지나간다
파도가 너무 높다
서귀포 푸른 바다
어제보다 높은 파도가
동백꽃보다 붉게 떠오른다

바람 세찬 바닷가 정방폭포 그리고 강정해군기지
군함 두 척이 정박해 있고
한라산에 눈 내려 유채꽃 깃발 나부낀다
촛불 들었던 동지들이 모여 밤을 새우며
목숨 걸고 싸웠던 김달삼 그를 불러내어
부용산 노래를 부르게 했다
한라산 중턱에 오십을 넘긴 여자의 영혼 슬프다
바다의 노래 금빛 은빛별을 세며
사랑한 사람들을 떠난 여자
그 여인 잠든 하늘공원에 바람이 분다
세 남자는 굵은 눈물을 뿌린다
하얀 모자를 쓴 산을 보며
동백꽃 한 잎 눈 뜨고
그의 눈을 위해 안수 기도를 한다
그녀가 산 위로 빠르게 오르자
아주 급하게 이름을 부른다
바람과 돌 그리고 여자
바람 타는 섬을 떠난다

–「바람 타는 섬에서」 전문

맑은 여울
그녀의 다리 밑
도시의 철교 기적소리는
몸속의 붉은 장미꽃 피운다
한 폭의 그림 게르니카
사상과 이념으로 나뉜
학살의 기억과
끌려가던 벗들의 피 묻은 모습

전쟁통에 잃은 아이의 얼굴이 겹쳐
물가에 어른거린다
무심천 다리아래
보도연맹 말없이 맺힌 꽃망울
깊게 패인 주름 살 뚝길에
삶의 진한 살구꽃 향기
그날의 청춘은 가고 없구나
할아버지보다 먼저 간
대답 없는 아버지
봄 밤 꽃등 밝혀
어머니 마음은 물길 따라
하늘을 오르네

–「무심천, 꽃과 시 흐르다」의 전문

꿈을 꾸다가 깼다
대동강 을밀대 부벽루가 보였고
거기서 춤을 추던 날들이 펼쳐졌다
꿈에도 잊지 못 할 님이 함께 한
북남작가대회 여름날의 백두산, 묘향산, 평양
아, 어찌 잊을 수 있으랴
마음속에 아직도 뜨거운 사랑
꼭 한번 뵙고 싶던 님을 보지 못하고
오영제, 홍석중 빛나는 이름들
그리고 심장에 남는 사람들

–「그리운 산하」 전문

첫 번째 시에서는 제주 강정마을의 해군기지 이야기

가 나온다. 강정마을의 해군기지 건설은 그 연원을 올라가 보면 제주 4·3항쟁과도 관련이 있다. 강정마을의 해군기지는 미군이 주로 사용하는 것으로 알려져 있다. 두 사건은 모두 민족 자주운동이 외세와 외세의존 세력들에 의해 짓밟혔기 때문이다. 이 제주 4·3항쟁을 주도한 사람 가운데 한 분이 김달삼이다. 그는 원래 대구 시월항쟁에 앞장섰던 사람이다.

1945년 8월 15일 일본이 미국과의 전쟁에서 져서 항복을 한 이후 우리나라에서는 세 가지 정치세력의 줄 세우기가 이루어진다. 첫 번째 정치세력은 8월 15일부터 활동을 개시한 여운형 중심의 조선건국준비위원회이다. 이들은 자본주의 민주주의 민족국가(부르조아 민주주의 민족국가) 건설을 내세웠다. 우리 민족이 주체가 되어서 단일민족국가를 건설해야 한다고 주장했다. 여기에 제일 많은 사람들이 모였다. 남한과 북한의 공산주의자들도 현 단계에서 나라가 분단되지 않고 하나의 민족국가를 건설하기 위해서는 경제적으로 자본주의 체제의 국가를 건설해야 한다는데 동의를 했다. 그리하여 그들도 여기에 참여했다. 두 번째는 8월 19일 소련군의 진주와 더불어 북조선에서 만든 친소 위성국가 건설 세력이다. 소련군은 북위 38도 선까지 점령했다. 그들은 표면적으로는 해방군이라고 했다. 사실상 점령군이었다. 세 번째는 9월 7일 미군의 진주와 더불어 친미 위성국가 건설 세력이다. 미군은 처음

부터 점령군이라고 분명히 밝혔다. 시간이 지나면서 남한에서 첫 번째 세력들은 테러의 대상이 되다가 점차 정치적 탄압의 대상이 되었다. 투옥되고 고문당했다. 이것을 피해 산으로 숨어들면 야산대가 되었고 정치활동을 하면 빨치산이 되었다. 그들은 남과 북에서 다같이 테러의 대상이었다가 정치적 탄압을 받았고 남과 북에서 국가적 형태가 갖추어지면서 숙청의 대상이 되었다. 국민적 지지가 적은 세력이 정치적 집권세력으로 지속되기 위해서 국민적 지지를 받는 세력들에 대한 대규모 학살을 자행했다. 이것은 남과 북이 마찬가지다. 6·25를 거치면서 전선이 남쪽 끝에서 북쪽 끝까지 이동하다가 다시 원위치가 되면서 정치적 반대세력을 숙청하는 명분을 더 쉽게 만든 것 같다. 1946년 대구에서 시작되어 전국적으로 확산된 시월항쟁은 그 중심축이 건국준비위원회다. 제주 4·3항쟁도 시월항쟁의 연장선에 있다.

사실 해방 직후에 대한민국을 바라보는 창은 이 셋이어야 한다. 민족자주국가를 건설하려는 세력과 외세의존의 위성국가를 건설하려는 세력으로 나누고 위성국가를 건설하려는 세력은 다시 친미와 친소로 나누어야 한다. 첫 번째 세력은 6·25를 거치면서 대규모 학살과 숙청으로 이어져 대한민국에서 소멸되었다. 전쟁이 진행되는 상황에서도 대규모 학살이 이루어졌지만 전쟁 이후에도 대규모 숙청이 이루어진다. 현재는 남과 북으로 위성국가 건설 세력만 남아 있다. 이것이 분단고착화를 가져왔다. 남한에서는 첫 번째 세력을 보도연맹에 가입시켰고 6·25전쟁을 겪으면서 이들을 빨갱이로 몰아서 재판도 없이 거의 모두를 처형했다. 두 번째 시에서 무심천 다리 아래 보도연맹 학살 현장이 나온다. 남한의 집권 정치세력은 6·25전쟁을 치르면서 온 국토를 이렇게 집단학살 장소로 만들었다.

세 번째 시는 남북 분단의 현실이다. 남과 북의 분단은 사람 사이의 교류가 분단된 것뿐 아니라 문화의 분단이고 생활의 분단이고 사고의 분단을 초래했다. 이는 지금까지만 봐도 그 피해가 엄청나다. 동족상잔으로 전국토에 걸쳐 많은 인적 물적 피해를 가져왔고 남과 북의 현실정치세력들이 자신들의 권력 안정을 위해 남과 북에서 자신들에 대해 비판적인 많은 사람들을 학살했다. 때로는 경쟁집단들까지도 모함하여 숙청을 했다. 남과 북의 분단은 앞으로도 우리 사회에 어떤 문제를 가져올지 다 알 수 없다. 설사 통일이 된다고 해도 얼마나 많은 문제점들을 표출할지 다 알 수 없다. 그럼에도 현재 우리나라가 해결해야 할 첫 번째 과제는 통일이다.

4.

김 시인은 지금까지 몸으로 싸워왔고 시로 싸워왔다. 대학을 다닐 때에는 유신독재에 반대하여 싸워야 했고 1980년부터는 전두환을 비롯한 신군부의 독재에 맞서 싸워야 했다. 제주 강정마을 해군기지 건설 반대를 위해 싸워야 했고 성주 사드 배치 반대를 위해 싸워야 했다. 박근혜 하야를 위해서는 촛불을 들고 광화문 거리에 서야 했다. 앞에서 본 것처럼 김 시인이 싸움꾼이어서 싸우는 것이 아니다. 그는 평범하고 소박하게 살기를 원하지만 이웃의 아픔을 보고 참지 못하고 싸워야 했고 본인과 이웃을 고통스럽게 하는 사회적 병리현상을 보면 싸워야 했다. 그는 사회적 공감을 가진 양심적인 사람이어서 어쩔 수 없이 싸우는 것이다.

변화무쌍한 하늘에
만년필 푸른색으로 시를 씁니다
구름도 그리고 해와 달도 그리고
은하수와 별도 그립니다
강물 따라 흐르는 것들에 나를 맡깁니다
단단한 바위를 깍으며
돌을 굴립니다
낙동강 마른 강아지풀이 바람에 흔들리며
옷깃을 붙잡고 말합니다
나를 붙잡아두려고 하는 마음 한 자락
강물에 던져 버리며
만년필로 자유라고 씁니다

–「만년필로 저항시를 쓰다」 부분

김 시인이 싸워야 하는 이유는 단순하다. 자유를 위

해서다. 해와 달과 별과 구름과 더불어 살 수 있는 자유를 위해서 그는 몸으로 싸우고 만년필로 저항시를 써야 했다. 그러다가 보니 미행과 감시를 당하고 구속되어 고문을 당하였다. 그것을 이웃이 알게 되면서 그의 집은 '수상한 집'이 되었다. 자신의 삶은 사회적으로 소외가 되는 블랙리스트가 되었다. 김 시인은 목회자다. '오래된 젊은 별 하나로 살다/ 하나의 별을 죽도록 사랑하고/ 신과의 잡은 손을 놓지 말라는(「별 하나를 사랑하여」)' 시의 내용처럼 그는 목자로서 신앙생활을 하면서 젊은 별로서 하나의 별을 죽도록 사랑하며 살아갈 것이다.

그렇게 살기 위해서 그는 내일도 또 싸움의 전선에 서야 할지도 모른다. 악마의 싸움도 아니고 강도의 싸움도 아닌 평화를 위한 싸움이다. 그 싸움이 없어지는 날은 온 세상이 더 이상 싸울 필요가 없는 평화로운 세상이 되어야 할지도 모른다. 그러나 그는 몸이 전선에 있어도 마음만은 평화롭게 살아갈 수 있을 것이다. 그는 이기적 탐욕이 적은 사람이기 때문이다. 이기적 탐욕을 버릴 수 있다면 몸은 싸움의 전선에 있어도 마음은 평화로울 수 있다. 육신은 힘들어도 마음은 고요할 수가 있다.

그러기 위해서는 마음속의 탐욕을 버려야 한다. 이것을 불교에서는 공(空)이라고 한다. 마음속에는 꽃들에 대한 그리움, 빈 그릇을 채우는 달빛과 고향집 울

안의 국화 향기로 채워야 한다. 그리하여 마음만은 영원히 평화로운 안식을 얻기를 바라면서 그의 시 한 편을 다시 읽는 것으로 이 글을 마무리하려고 한다.

물을 마실 때
마음을 비우고
하늘을 올려다보니
남쪽을 향해 날아가는 기러기
들에 피는 꽃들의 그리움
강촌의 밤 불빛들이
눈물에 젖어 흘러가는데
빈 그릇을 채우고 지는 달
고향집 울안에
국화 향기 가득하다

-「물을 마시며」 전문

별 하나를 사랑하여

찍은날 2020년 6월 5일
펴낸날 2020년 6월 10일
지은이 김창규
펴낸이 박몽구
펴낸곳 도서출판 시와문화
주 소 (13955) 경기 안양시 동안구 경수대로 883번길 33,
103동 204호(비산동, 꿈에그린아파트)
전 화 (031)452-4992
E-mail poetpak@naver.com
등록번호 제2007-000005호 (2007년 2월 13일)

ISBN 978-89-94833-57-6(03810)

정 가 10,000원